Graci
Por su dedica...
y esfuerzo en el
Grupo de Amistad

Dios le
Bendiga

Werner

Una visión contagiosa

También de Andy Stanley

Viene de adentro
Las acciones dicen mucho más que las palabras
El líder de la próxima generación
Depende de ti

UNA
VISIÓN
CONTAGIOSA

ANDY
STANLEY

La misión de Editorial Vida es ser la compañía líder en comunicación cristiana que satisfaga las necesidades de las personas, con recursos cuyo contenido glorifique a Jesucristo y promueva principios bíblicos.

UNA VISIÓN CONTAGIOSA
Edición en español publicada por
Editorial Vida - 2009
Miami, Florida

© 2009 por Andy Stanley

Originally published in the USA under the title:
Making Vision Stick
© 2007 by Andy Stanley
Published by permission of Zondervan, Grand Rapids, Michigan, 49530

Traducción: *David Fuchs*
Edición: *Virginia Himitian*
Diseño interior: *Pablo Snyder*
Diseño de cubierta: *Good Idea Productions Inc.*

ISBN: 978-0-8297-5514-5

Categoría: Iglesia cristiana / Liderazgo

IMPRESO EN ESTADOS UNIDOS DE AMÉRICA
PRINTED IN THE UNITED SATES OF AMERICA

09 10 11 12 13 ❖ 6 5 4 3 2 1

SELECCIÓN VIDALÍDER

El propósito de la *Selección VidaLíder* es proveer a los líderes en todos los ámbitos, un pensamiento de vanguardia y el consejo práctico que necesitan para alcanzar un nivel más en sus destrezas de liderazgo.

Los libros de esta Selección reflejan la sabiduría y experiencia de líderes de trayectoria que ofrecen grandes conceptos en un tamaño práctico. Ya sea que leamos este libro por nuestra propia cuenta, o junto a un grupo de colegas, la *Selección VidaLíder* brindará una introspectiva crítica de los desafíos del liderazgo actual.

Una visión contagiosa

En febrero de 2007, el presidente de la cadena de cafeterías Starbucks, Howard Schultz, envió un memorando a su gerente ejecutivo, Jim Donald, que de alguna forma se introdujo en Internet y de allí llegó a las computadoras de los fanáticos de la cafetería Starbucks en todas partes del mundo. Tres personas me lo reenviaron en el mismo día.

En el memorando, Schultz expresa preocupación porque su compañía ha dado un vuelco en lo que hace a su carácter original. Y cita una serie de decisiones internas que llevaron a que se diluyera aquello que los clientes esperaban encontrar al frecuentar Starbucks.

Al modificar involuntariamente la experiencia Starbucks, los encargados de tomar las decisiones de la compañía habían provocado que la cafetería norteamericana número uno se desviara de su misión. En el memorando quedaba claro que no se trataba de una simple preocupación empresarial. Para Schultz representaba algo personal.

Él instaba a su gerente ejecutivo a crear un rumbo que llevara nuevamente a Starbucks a su visión original. Este sincero memorando enfatiza el punto central de este pequeño libro y sirve, a la vez, como recordatorio de que la visión no se contagia sin atención y cuidados constantes.

Uno de los grandes desafíos del liderazgo es hacer que la visión pegue. La visión no posee demasiado adhesivo. No importa cuán claramente uno crea haberla definido, ni el compromiso que haya asumido para repetirla una y otra vez, inevitablemente alguien formulará una pregunta o hará una sugerencia que nos conducirá a pensar: «Pero, ¿dónde has estado? ¿No has prestado atención a lo que he dicho?»

Cuando les hablo a los líderes acerca del tema de la visión, me gusta decir en broma que los tres principales obstáculos para hacer que la visión se contagie son: el éxito, el fracaso y todo lo que se encuentra en el medio. No existe un momento en el que un líder pueda accionar el piloto automático y esperar que la organización se conduzca por sí misma, solo siguiendo la visión. Es posible que una organización incremente sus acciones en el mercado y los márgenes de ganancia mientras va a la deriva, lejos de su visión original.

Sé, por propia experiencia, que es viable que una iglesia crezca numéricamente mientras se aleja más y más de la visión fundamental que infundió vigor al equipo original de líderes. La fuerza de gravedad siempre nos conduce hacia la derecha o hacia la izquierda del punto central. El éxito nos tienta a quitar las manos del volánte. El fracaso provoca que nos rectifiquemos en exceso. Tanto el éxito *como* el fracaso pueden conducir al desastre.

El paso del tiempo repercute duramente sobre la visión. Con el tiempo las organizaciones se vuelven más complejas. La complejidad distrae a los líderes. Donde una vez hubo dos pelotas para hacer malabares, de repente hay tres, luego cuatro y luego cuarenta. Todas ellas son importantes. Donde una vez hubo una buena oportunidad a seguir, de repente existen tres. Y cada una nueva oportunidad conduce a otra y a otra. La complejidad puede matar a la visión original.

General Motors es un buen ejemplo. Por más de cincuenta años, GM dominó la industria automotriz norteamericana con una porción del mercado que bordeaba el cincuenta por ciento. El arquitecto de la visión que rejuveneció a GM fue Alfred Sloan. Su idea, allá por 1924, era simple: crear cinco marcas diferentes con cinco rangos distintos de precio para cinco tipos de compradores de automóviles. La marca Chevrolet se orientaba y tenía el precio adecuado para los que compraban un auto por primera vez. Pontiac de dirigía a un público que buscaba mayor calidad que Chevrolet, y así se cobraba. A partir de ahí, el comprador podía ascender a un Oldsmobile, luego a un Buick, y finalmente, a un Cadillac.

Tomó varios años establecer este enfoque, pero cuando se logró, GM se había convertido en el rey de la industria automotriz norteamericana. Junto con el crecimiento de GM, llegó la inevitable complejidad. En medio de la complejidad, la simplicidad y el enfoque de la visión original se perdió. Los precios señalados para cada marca comenzaron a coincidir. Al poco tiempo, las marcas de GM estaban compitiendo unas con otras por los mismos clientes. A medida que la impronta de la marca se iba desvaneciendo, también lo hacían las acciones en el mercado. Ahora un Chevrolet puede costar desde diez mil dólares en su modelo Aveo, hasta sesenta mil dólares, en su versión Corvette. Un Cadillac puede ser de todo, desde un auto deportivo hasta un vehículo utilitario deportivo (SUV). A medida que la distinción de marcas se fue diluyendo, fueron disminuyendo las acciones en el mercado. GM, el constructor de autos y camiones número uno del mundo, perdió veinte puntos de la porción del mercado norteamericano en los últimos veinticinco años.

Es difícil hacer que la visión prenda. El tiempo encuentra un camino para erosionar el pegamento. Las fuerzas que lentamente erosionaron el adhesivo de la visión de Alfred Sloan para GM están trabajando en contra de nosotros y de nuestra organización también. La visión representa lo que *podría ser* y *debería ser*, pero la vida consiste *en lo que sucede en este preciso momento*. Por más importante que creamos que sea para las personas de nuestra organización acoger la imagen que proyectamos con respecto al futuro, sus vidas se encuentran consumidas por el presente. La vida consiste en fechas límites, decisiones y solución de problemas, por no mencionar los niños, la casa, las cuentas y el jardín. Hacer que la gente permanezca sentada el tiempo suficiente para entender nuestra visión ya resulta bastante difícil. Pero lograr que organicen sus vidas alrededor de esta visión es

La visión representa lo que *podría ser* y *debería ser*, pero la vida consiste *en lo que sucede en este preciso momento*.

supremamente arduo. Las urgentes y legítimas necesidades de la actualidad pueden borrar rápidamente nuestro compromiso con aquello *que podría ser* mañana.

Hay muchas cosas en contra de los que están encargados de mantener la visión. En realidad, es aún peor que eso. Prácticamente todo trabaja en nuestra contra. El éxito, el fracaso, el tiempo, la vida. Pero, si a pesar de todo eso hay algo en ti que se rehúsa a darse por vencido y aceptar el statu quo, es muy posible que seas la persona que Dios use para traer el cambio. Es probable que Dios comparta tu angustia y tu pasión por hacer que tu visión sea contagiosa.

En las páginas venideras voy a transmitir lo que he aprendido durante los últimos veinte años acerca de hacer que una visión pegue. Esto ciertamente no es todo lo que hay que saber sobre este importante tema. Simplemente es todo lo que yo sé.

Este libro no se refiere ni al descubrimiento ni al desarrollo de la visión. Asumo que ya has hecho el difícil trabajo de crear una declaración o un párrafo que describa el futuro deseado para tu organización. Si no, es posible que desees señalar esta página, reunirte con tu equipo de trabajo y tomarte el tiempo necesario para desarrollar una declaración de visión. Si ya lo has realizado, entonces descifremos cómo hacer para que esa visión se contagie.

Asumir la responsabilidad

En lo que respecta a lograr que la visión sea contagiosa, esto es lo más importante que debemos recordar: *Nosotros somos los responsables*. Es responsabilidad del líder asegurarse de que la gente entienda y asuma la visión de la organización. Todos nos sentimos tentados, algunas veces, a echarle la culpa a la gente que nos rodea por su inhabilidad para comprender la visión que hemos detallado y actuar basándose en ella. Pero cuando un líder culpa a su seguidor de no seguirlo, el líder ha dejado de liderar. Si los seguidores no lo entienden, probablemente no hemos presentado la visión de una manera *comprensible*. Somos responsables de que la visión de nuestra organización se mantenga en primer plano. Depende de cada uno de nosotros asegurarnos de que la actividad y la visión estén alineadas en nuestra entidad.

Cuando me encontraba en la universidad tuve un profesor que era afecto a decir: «Si el estudiante no ha aprendido, el profesor no ha enseñado». Lo mismo podría decirse acerca del liderazgo y la proyección de la visión. Nosotros somos los que mantenemos y proveemos la visión. Si la gente a nuestro alrededor no sabe hacia dónde vamos, eso se debe a que nosotros no lo hemos dejado claro. En lugar de lanzar piedras, tenemos que mirarnos al espejo y preguntarnos: «¿Cómo puedo hacer que la visión resulte más clara, o más simple, o más accesible? ¿Qué puedo hacer para que se contagie? ¿Cómo hago para que la visión se introduzca en todos los niveles de la organización?»

Una vez que hayamos resuelto el tema de la responsabilidad, hay cuatro cosas que podemos hacer para incrementar significativamente la adherencia a la visión.

1. Establecer la visión de manera simple
2. Transmitir la visión con convicción
3. Repetir la visión de forma regular
4. Celebrar la visión sistemáticamente
5. Acoger la visión de un modo personal

Establecer la visión de manera simple

Primero, para que nuestra visión prenda en la mente de las personas debe ser fácil de memorizar.

He hablado con docenas de líderes que tenían una idea de lo que querían que su organización fuera, pero necesitaban tres párrafos para explicarlo. Ellos poseían visión, pero no lograban comunicarla eficazmente.

La gente no recuerda ni acoge los párrafos. La gente recuerda y conserva frases. Así como lo dijo el teólogo Howard Hendricks: «Si hay bruma en el púlpito, hay niebla en las bancas de la iglesia». Si la visión no está clara para nosotros mismos, nunca resultará clara para la gente de nuestra organización.

La gente no recuerda ni acoge los párrafos. La gente recuerda y conserva frases. Así como lo dijo el teólogo Howard Hendricks, «Si hay bruma en el púlpito, hay niebla en las bancas de la iglesia».

Es posible que para que la visión resulte contagiosa sea necesario clarificarla o simplificarla.

Cuando lanzamos la Iglesia Comunitaria de North Point, nuestra visión era: «Crear una iglesia que le resultara atrayente a la gente que no asiste a la iglesia». A aquellos que son teológicamente astutos, una declaración como esa les genera muchas preguntas. Tengo que admitirlo: carece de contenido teológico. No hay nada en ella que haga referencia a una vida transformada o a la salvación. La declaración era incompleta. Pero si cualquiera quería saber en qué andábamos, esa frase lo definía todo. Estábamos comprometidos en la creación de una iglesia para aquellos que no asisten a la iglesia o, para usar una frase acuñada por Bill Hybels, para la: «gente irreligiosa». Teníamos claro desde el principio que íbamos detrás de un mercado diferente de aquel que intentaba alcanzar la iglesia promedio. Cuando las personas se quejaban por lo que hacíamos o no hacíamos, comparándonos con otras iglesias a las que habían asistido, nosotros simplemente les recordábamos nuestra visión. Eso respondía a la mayor parte de las preguntas. Y nuestra declaración de visión lograba que nuestro liderazgo participara de aquello que distinguía a nuestra organización.

Cuando evaluemos nuestra declaración de visión, recordemos lo siguiente: *Es mejor tener una declaración de visión que sea incompleta y fácil de memorizar, que una completa pero fácil de olvidar.* Como líderes, tenemos infinitas ocasiones de definir términos y expandir conceptos para la gente que se encuentra lo suficientemente interesada como para hacer preguntas y recabar más información. Pero contamos con oportunidades limitadas para transmitir nuestra visión a la audiencia que está de paso, a la gente que posiblemente

Es mejor tener una declaración de visión que sea incompleta y fácil de memorizar, que una que completa pero fácil de olvidar.

nunca nos prestará su atención completamente, y mucho menos en una segunda oportunidad. Para ese grupo necesitamos una declaración contagiosa.

Otro ejemplo de una memorable declaración de visión es la del gigante de Internet eBay: «Proveer una plataforma mundial de negociación en la que prácticamente todos puedan negociar prácticamente cualquier cosa». Notemos que la declaración de visión de eBay ni siquiera menciona a Internet y no hay nada en ella que haga referencia a ofertar objetos. Sin embargo, no conozco nadie que jamás haya *canjeado* algo en eBay. Generalmente se *compran* cosas. Esta declaración no nos proporciona una perspectiva completa de lo que eBay hace, pero es intrigante y fácil de recordar. Y para los miembros de la compañía que se encuentran privados de la estrategia completa, esta única declaración les resulta suficiente. Encapsula páginas de información y estrategias de mercadeo; y lo que es más importante, resume el futuro ideal de la compañía.

Algunos años atrás, el equipo de liderazgo establecido en North Point entendió que habíamos cumplido aquello que nos habíamos propuesto hacer. Habíamos creado exitosamente una iglesia a la que las personas que no asisten a la iglesia se sintieran gustosas de concurrir. En ese momento, habíamos fundado un segundo y luego un tercer campus, basados en el modelo de la iglesia original. Los tres habían alcanzado el éxito en cuanto a despertar interés en la gente que no asistía a la iglesia en sus respectivas comunidades. Visión cumplida.

Nuestra nueva visión gira en torno a integrar a la gente en grupos pequeños. La primera declaración de visión decía: «Visualizamos cincuenta mil personas participando semanalmente de pequeños grupos comprometidos a multiplicarse». Aunque habíamos reducido nuestra visión a una sola frase, no era fácil de recordar ni resultaba pegadiza. Por eso nuestro director de grupos, Bill Willits, se reunió con su equipo y ellos realizaron una lluvia de ideas sobre cómo comunicar más fácilmente la visión. El resultado fue el siguiente: 5/50/10. Nuestra visión consiste en tener cinco mil grupos con un total de cincuenta mil personas para 2010. 5/50/10.

Ha sido emocionante ver a nuestros departamentos comenzar a reorganizarse alrededor de esta nueva visión.

Una de las cosas poderosas sobre una visión claramente articulada es que tiene una manera de redireccionar el enfoque y los recursos dentro de una organización. Si la visión es demasiado complicada para que la gente la acoja, nada cambiará. La gente tiende a seguir haciendo lo que siempre ha hecho de la manera en que siempre lo ha hecho. En resumidas cuentas, para lograr que la visión se contagie es preciso que sea fácil de comunicar.

Transmitir la visión con convicción

La segunda cosa que resulta imperiosa para hacer que la visión pegue, es transmitirla convincentemente. Una vez que hayamos logrado que nuestra visión resulte fácil de comunicar, transmitámosla de tal manera que ponga en acción a las personas. En esta sección voy a dar una fórmula simple que nos ayudará a comunicar la visión de forma convincente.

Alrededor de 444 a.C., un hombre judío llamado Nehemías recibió la carga de reconstruir el muro que rodeaba a la ciudad de Jerusalén que había permanecido en ruinas por cientos de años. Los judíos que vivían en Jerusalén en esa época, estaban satisfechos con solo poder vivir rodeados por el muro destruido. La convincente visión de Nehemías sobre su futuro cambió la actitud de esas personas. En su corto, pero altamente eficiente discurso ante los judíos que aún vivían en Jerusalén, encontramos un brillante modelo en cuanto a transmitir una visión concluyente. Al leerlo, notemos tres cosas: Él definió el problema que abordaba su visión. Ofreció una solución. Y luego estableció la razón por la que debería hacerse algo al respecto y por qué era preciso actuar de manera inmediata.

> «Por eso les dije: Ustedes son testigos de nuestra desgracia. Jerusalén está en ruinas, y sus puertas han sido consumidas por el fuego. ¡Vamos, anímense! ¡Reconstruyamos la muralla de Jerusalén para que ya nadie se burle de nosotros! Entonces les conté cómo la bondadosa mano de Dios había estado conmigo y les relaté lo que el rey me había dicho. Al oír esto, exclamaron: ¡Manos a la obra! Y unieron la acción a la palabra» (Nehemías 2:17-18).

1. Definir el problema

Para proyectar una visión convincente, debemos definir el problema que aborda nuestra visión. Para Nehemías, el problema era obvio. ¡Jerusalén estaba en ruinas! Eso constituía una contrariedad para el pueblo judío. Pero hasta que él no dirigió la atención a ese asunto y puso en marcha un plan de acción, los judíos no se convencieron de hacer nada al respecto. Cada visión es la solución a un problema. Si nuestra visión no tiene fuerza, aquello que debe suceder no sucederá. Y ese problema continuará sin ser abordado. Para que la visión sea contagiosa, resulta necesario que la audiencia comprenda qué es lo que está en riesgo. *Aquello que está en peligro* es lo que atrapa el corazón de la gente. Solamente una clara explicación del problema provocará que la gente se levante y diga: «¡Tenemos que hacer algo!». Si el público al que apuntamos no conoce lo que está en riesgo, la visión nunca pegará.

Por lo tanto, ¿qué problema propone resolver nuestra visión? Toda organización exitosa (ya sea con o sin fines de lucro) es visualizada por los consumidores o clientes como una solución a un problema. Si no me crees, busca en Google «solución de negocios». Obtendrás más de cuatrocientos cuarenta mil resultados. ¿Por qué? Porque un negocio sabe que su futuro depende de la percepción de que su producto es una solución para el problema de alguien. Lo mismo resulta cierto con respecto a nuestra visión. El hecho de que otros se identifiquen con la visión dependerá de nuestra habilidad para convencerlos de que estamos ofreciendo la solución a un problema que consideran que debe ser resuelto.

Para transmitir nuestra visión de una manera convincente, debemos responder estas dos preguntas: ¿Cuál es la necesidad o problema que aborda mi visión?, y ¿Qué sucedería si esas necesidades o problemas continuaran sin ser afrontados?

2. Ofrecer una solución

Nuestra visión es la solución a un problema. Cuando unimos un problema que la gente considera que debe ser resuelto con una clara y convincente solución, tenemos el potencial para atrapar sus corazones. La solución de Nehemías era bastante directa: «Vengan, reconstruyamos el muro de Jerusalén». Reconstruir el muro era la solución a un problema.

Probablemente estemos familiarizados con la campaña ONE. ONE es un esfuerzo para concentrar a los norteamericanos en la lucha contra el SIDA y en contra de la extrema pobreza a nivel mundial. Su declaración de visión es la siguiente: «ONE: la campaña para hacer de la pobreza historia». Este es un claro ejemplo de cómo se incorpora en una declaración de visión tanto el problema como a la solución. Los problemas son el SIDA y la extrema pobreza. La solución, o visión, es eliminarlos a ambos.

Al leer esto, probablemente nos preguntemos: «¿Pero cómo? ¿A quiénes? ¿Dónde? ¿Cuál es el plan? Las declaraciones de visión convincentes nunca responden todas esas preguntas. Para eso están las páginas web, los boletines informativos y las conferencias. La declaración de visión simplemente establece la solución a un problema. La campaña ONE se enfoca en terminar con el SIDA y la extrema pobreza. Para hacer convincente el modo en el que transmitimos nuestra visión, debemos presentarla como la solución a un problema. ¿Qué solución estamos proponiendo? ¿De qué manera nuestra organización se posiciona como una solución a un problema?

3. Presentar una razón

El tercer componente para que una visión resulte convincente es la *razón* que justifica que tengamos que hacer algo *ahora*. Es necesario presentarle a la gente una razón para nuestra visión. Tenemos que responder las preguntas: *¿Por qué tenemos que hacer esto? ¿Por qué tenemos que hacer esto ahora?*

La razón de Nehemías viene empaquetada en una frase cargada de significado teológico: «Para que ya nadie se burle de nosotros». El espacio no me permite explicar completamente el significado de esas ocho palabras. En conclusión: los judíos sabían que la ciudad de Jerusalén estaba hecha para reflejar la grandeza de su Dios. Mientras la ciudad estuviera en desorden, reflejaría pobremente a Dios. Algo había que hacer.

Un problema con el que todos forcejeamos es que nuestras visiones muy rara vez son nuevas u originales. Así como Nehemías, nosotros vemos las cosas que hay que cambiar a nuestro alrededor y nos preguntamos: «¿Por qué no ha hecho alguien algo con respecto a esto?» No somos los primeros en ver que es preciso hacer algo.

Aquello que otros vieron y estuvieron dispuestos a ignorar, lo ve un líder y entra en acción. Un líder señala el camino para una solución y da una razón convincente de por qué algo debe hacerse ahora. En el caso de Nehemías, el muro había estado destruido por más de cien años. ¿Por qué reconstruirlo ahora? ¿Qué había cambiado repentinamente? Solo una cosa: la llegada de un líder que observó y estableció el problema de seguir atados al statu quo.

Pensemos en la campaña ONE. El SIDA y la extrema pobreza no son nuevos, pero como resultado de la campaña, miles de norteamericanos que no hacían nada antes a pesar de ser conscientes del problema, están haciendo algo ahora. La campaña ONE ha provisto a miles de norteamericanos de una razón para actuar.

> Es necesario presentarle a la gente una razón para nuestra visión. Tenemos que responder las preguntas: *¿Por qué tenemos que hacer esto? ¿Por qué tenemos que hacer esto ahora?*

La visión original de la Asociación Willow Creek constituye otro gran ejemplo. Bill Hybels no fue la primera persona en reconocer que las iglesias locales estaban en problemas. Esas eran noticias viejas. Bill fue el líder que finalmente dijo: «Es suficiente, algo hay que hacer. ¡Y tiene que hacerse ahora!» Fue debido a su carga por la siguiente generación de líderes de la iglesia (sujetos como yo) que se decidió a lanzar la Asociación Willow Creek. Su propósito: proveer a los líderes de las iglesias locales una visión estratégica, entrenamiento y recursos para construir iglesias bíblicamente funcionales.

En 1992 surgió la Asociación Willow Creek, incluyendo unas pocas iglesias del Medio Oeste. En la actualidad incluye una membresía a nivel mundial de más de doce mil iglesias.

La Asociación Willow Creek es la solución a un problema. El problema existía desde mucho antes de que la Asociación Willow Creek se formara, pero la solución nunca hubiese levantado vuelo si Bill y su equipo no hubieran transmitido una visión que incluía una razón por la que el problema no podía ser ignorado durante otra generación.

La gente ya sabe que existe un problema. Probablemente tiene una corazonada acerca de la solución. Lo que necesita es alguien que le dé una razón para levantarse y hacer algo al respecto. Ese es el papel del líder.

Toda organización, ya sea de negocios, sin fines de lucro, o una iglesia, fue creada porque alguien tropezó con una razón por la que resultaba necesario actuar. Lo que nos hace diferentes es que hemos decidido hacer algo ahora con el problema.

Al pensar en la visión de nuestra organización, preguntémonos ¿por qué actuar ahora? ¿Qué está en juego hoy? ¿Por qué no permitir que las cosas sigan así por uno, dos o tal vez diez años más? ¿Qué hace que esta temporada sea única para nosotros y nuestro equipo? Cuando seamos capaces de responder estas preguntas, habremos creado un contexto que enmarque la pasión que necesitaremos para hacer que la gente se movilice hacía adelante. La gente ya sabe que existe un problema. Probablemente tiene una corazonada acerca de la solución. Lo que necesita es alguien que le dé una razón para levantarse y hacer algo al respecto. Ese es el papel del líder.

Para transmitir la visión convincentemente, necesitamos una razón acerca de por qué *ahora* es el momento. Si no hemos definido el problema, determinado una solución y descubierto una razón poderosa que indique que ahora es el momento de actuar, no estamos listos para hacer pública nuestra visión. Y la visión no será contagiosa.

Aquí haré una predicción. Si tú y tu equipo se dan tiempo para definir el problema, establecer su visión como una solución y descubrir una poderosa razón por la que el momento de actuar es ahora, saldrán de esa reunión o serie de reuniones con más pasión de lo que creyeron posible. Algo vivirá en ti. Y cuando hables sobre la visión, serás más convincente de lo que jamás hayas sido antes. Fíjate también en que, cuando los miembros de tu equipo hablen sobre el futuro, usarán terminología similar. Es posible que incluso lleguen a crear un nuevo vocabulario para su organización.

Repetir la visión de forma regular

Transmitir una visión convincente una sola vez no es suficiente para hacer que prenda. Tampoco lo es dos veces. La visión tiene que ser repetida con regularidad. Para que resulte contagiosa es preciso encontrar maneras de transmitir la visión dentro del ritmo de nuestra organización. Eso no es difícil de hacer, pero no ocurrirá si el líder no actúa intencionalmente.

Hay dos momentos estratégicos en los que yo repito la visión en nuestros tres campus: enero y mayo. Cada enero, predico una serie para transmitir la visión dividida en dos o tres partes. Escojo enero porque es el mes en el que todo el mundo va a la iglesia, sin importar cuál sea el tema que se aborde. A las iglesias y a los gimnasios les va bien en enero. Enero es un momento estratégico debido a que la atracción no es el tema, la atracción es el ritmo de la vida. La gente quiere empezar el año de la mejor manera, así que en la parte del país en donde se encuentre, va a la iglesia.

Luego de la serie de enero, a menudo escucho el comentario: «Ese mensaje sonó bastante parecido al de enero pasado». Esa observación es correcta. La visión es una constante. Nuestra visión ha permanecido igual por diez años. Durante diez eneros consecutivos, a nuestra gente se le ha presentado la misma visión.

A pesar de que estoy comprometido con la idea de transmitir la visión de una manera regular, en ocasiones me siento un poco culpable. A veces me digo a mí mismo: «seguramente a esta altura, ellos ya conocen todo esto». Pero sigo adelante y lo hago de todas maneras. ¿Por qué? Porque la visión no se contagia. Transmitir la visión en enero no garantiza, en absoluto, el compromiso de nuestra congregación con nuestra visión hasta el siguiente enero. Es por eso que yo la repito una y otra vez.

El otro momento estratégico para nosotros es mayo, dado que este es el mes en el que nosotros enrolamos voluntarios para la siguiente temporada. Cada mayo realizamos un servicio dominical que gira alrededor del valor del voluntariado. Resulta un momento oportuno para transmitir la visión, debido a que exponemos lo que estamos haciendo y la razón por la que necesitamos que todos participen. La proyección de la visión en enero y en mayo se lleva a cabo dentro del ritmo de nuestra organización. No tengo que recordarlo. El calendario lo determina así.

Las presentaciones públicas son solo una manera de comunicar la visión. Por sí solas no son adecuadas. Yo busco constantemente maneras nuevas de reforzar la dirección hacia la que nos encaminamos y de cómo planificamos llegar hasta allá. En el pasado, he enviado cartas y correos electrónicos a los miembros de nuestra congregación, pero hoy dudo de la eficacia de esa forma de comunicación, especialmente para algo tan importante como la visión. La visión debería provocar emoción y es difícil provocar emoción a través de un correo electrónico o de una carta.

El otro problema que tiene una carta tradicional, e incluso un correo electrónico, es que puede leerse o no. Por esa razón recientemente intenté algo nuevo. Creé un mensaje de audio. Así es como funciona. Escribo lo que quiero decir y luego lo grabo. La grabación dura aproximadamente doce minutos e incluye una canción de adoración que próximamente será lanzada por uno de nuestros músicos. Hacemos unas miles de copias del CD y se lo entregamos a cada familia al salir del servicio dominical. Les pido que lo escuchen en sus vehículos mientras regresan a casa junto a sus familias. Hicimos esto entregando los CDs durante tres semanas, de manera que todas las personas tuvieran oportunidad de recibir uno. La respuesta fue increíble. No solo recibieron la información, sino que la gente *escuchó* la información. Pude plasmar el contenido con emoción. Además, toda la familia junta accedió al contenido, creándose, de ese modo, la oportunidad de conversar sobre él. Las charlas posteriores reforzaron la información. Antes de hacerlo, estaba preocupado por el costo que tendría reproducir tantos CDs. Pero sentí tranquilidad al descubrir que la reproducción de los CDs es tan barata que el costo de todo el proyecto fue casi el mismo que el que implicaba enviar por correo una carta a cada familia.

Llegará el tiempo en el que debamos determinar los momentos y contextos óptimos para transmitir la visión en nuestra organización. Busquemos maneras de hacerlo en el ciclo natural de nuestro negocio o ministerio, dentro del ritmo de nuestra organización. ¿Cuándo está más atenta la gente? ¿Cuándo se encuentran todos? Dentro del ritmo de la vida

> Todos necesitamos que se nos recuerde por qué estamos haciendo lo que hacemos. Precisamos que se nos recuerde lo que está en juego. Que se nos refresque la visión.

organizacional, ¿en qué momento la gente necesita un recordatorio? Junto al tema del tiempo oportuno, debemos considerar los canales de comunicación disponibles. ¿Qué oportunidades existen que nos permitirían imprimir más a fondo la visión dentro de nuestra organización? ¿Estamos dando un buen uso a las capacidades de los informativos, páginas web e Intranet de la compañía? ¿Dentro de nuestro contexto, resultaría útil una carta de audio?

Cada organización es diferente, aunque la gente de cada organización sea bastante similar. Todos necesitamos que se nos recuerde por qué estamos haciendo lo que hacemos. Precisamos que se nos recuerde lo que está en juego. Que se nos refresque la visión. Y lo precisamos más a menudo de lo que la mayoría de los líderes cree.

Está bien, hagamos una revisión. Para hacer que la visión se contagie tenemos que *establecer la visión de manera simple*, *transmitirla convincentemente* y *repetirla regularmente*. El cuarto imperativo es que debemos *celebrar la visión sistemáticamente*.

Celebrar la visión sistemáticamente

Para lograr que una visión prenda, el líder tiene que detenerse el tiempo suficiente como para celebrar los logros a lo largo del camino. Festejar los triunfos clarifica la visión más que cualquier otra cosa. Lo más complicado que tiene la visión es que está conformada por palabras y representaciones verbales. No hay fotografías. Después de todo, la visión representa el futuro. Esto hace que a los líderes les resulte difícil lograr que todos tengan el mismo sentir. Cuando yo hablaba acerca de convertirnos en una iglesia que atraiga a la gente que no asiste a la iglesia, esto evocaba toda clase de imágenes. ¿Cómo me aseguro de que lo que yo visualizo sea lo mismo que lo que la gente a mi alrededor visualiza?

Una manera de hacerlo es celebrando los eventos del mundo real que ilustran cuál es nuestra visión. Incorporemos

He aquí un principio organizacional que no tenemos que perder de vista: *Lo que se celebra, se repite.*

estos eventos dentro del ritmo de nuestra organización.

A través de innumerables conversaciones, sé que algunos líderes consideran los festejos como una pérdida total de tiempo. Pero cuando aplaudimos las cosas correctas, estamos usando la forma más eficaz de transmitir la visión. Las celebraciones proporcionan la oportunidad de hacer más claro aquello a lo que nos referimos. «¡Así que esto es de lo que estás hablando!» Festejar un logro encarna la visión, y brinda una claridad que las palabras por sí solas no son capaces de proporcionar.

Cada organización celebra algo. Pero si nuestra visión está en la misma línea que nuestros festejos, te aseguro que lo que se celebra aun trascenderá a la visión y determinará el curso de nuestra organización. He aquí un principio organizacional que no tenemos que perder de vista: *Lo que se celebra, se repite.*

Los comportamientos que se celebran se reiteran. Las decisiones que se festejan son las que luego se vuelven a tomar. Los valores que se celebran, se repiten. Si nosotros, sea intencionalmente o no, festejamos algo que está en conflicto con nuestra visión, la visión no se contagiará. Las celebraciones superan siempre a los discursos motivacionales.

Usar notas, cartas y correos electrónicos

En mi mundo, a menudo tomo consciencia de nuestros logros gracias a las cartas y correos electrónicos que me llegan. Hace algunos años, recibí este correo electrónico de parte de una mujer de nuestra iglesia:

Querido Andy:

En tu última charla el pasado domingo, hablaste sobre el impacto que los líderes de grupos pequeños tienen sobre los chicos de sus grupos. Quería que supieras acerca del líder del grupo pequeño de mi hijo, que va mucho más allá de las expectativas normales. Mi hijo Graham está en quinto grado y su grupo pequeño se reúne a las 8:30. El líder es Greg Stubbs. Como sabes, Greg fue llamado al servicio activo como parte de la Misión de liberación de Iraq. A Greg lo enviaron a Italia, luego a Turquía, y más tarde a un portaaviones. Pero, ¿evitó eso que se preocupara por los miembros de su grupo pequeño? No. Greg envió correos electrónicos desde Turquía contando sobre el trabajo que estaba realizando y lo que los chicos estaban haciendo. Incluso llamó a Graham desde Turquía.

Cuando consideras todas las cosas que debían estar en la mente de Greg y luego te das cuenta de que a él le importan tanto los miembros de su grupo como para mantenerse en contacto con ellos desde una zona de guerra, te detienes a pensar en las razones que nosotros damos para no mantenernos en contacto con nuestros propios líderes y miembros del grupo pequeño. Entiendo que es posible que Greg venga a casa en los próximos dos meses y ciertamente estaremos dispuestos a agradecerle por su servicio.

Para mí, para nuestra organización, ese fue un gran logro.

Nosotros les transmitimos constantemente a los líderes de los grupos pequeños la visión de lo importante que resulta mantener una relación estrecha con sus chicos, más allá de la mañana del domingo. Aquí tenemos a un muchacho que estaba tan comprometido con su grupo que continuó en contacto desde ultramar, mientras servía a su país. Eso era asombroso. Yo sabía que eso constituía un logro que debía ser celebrado.

Cuando Greg regresó después de haber cumplido con su deber, lo llamé y le conté sobre este correo electrónico. Le pedí permiso para leerlo un domingo de mayo, cuando yo transmito la visión y recluto voluntarios para la siguiente temporada de ministerio. Greg estuvo de acuerdo. Esa mañana me paré y hablé del servicio en la iglesia local, tal como lo había hecho durante diez años. Recordé a la congregación que nuestra visión era crear ambientes irresistibles para los adultos y sus familias sin iglesia. Hacia el final, leí el correo electrónico sobre el niño del grupo pequeño de Greg. Como lo puedes imaginar, todo el mundo estaba conmovido.

Lo que no se dieron cuenta, sin embargo, era que Greg, uniformado, estaba sentado en la fila de adelante. Cuando terminé de leer la carta, lo miré y le dije: «Greg, ¿podrías ponerte de pie?» La gente se volvió loca. Luego dije: «A aquellos de ustedes que estén demasiado ocupados para servir porque tienen muchas cosas que los presionan, los invito luego del servicio a que se acerquen a Greg y le presenten sus excusas». Ese año necesitábamos por lo menos mil trescientos voluntarios. Gracias al ejemplo de Greg, más de mil setecientas personas se ofrecieron como voluntarios para servir.

Greg era un ejemplo viviente de nuestra visión para los grupos pequeños de niños. Celebrar su compromiso les clarificó a todos exactamente lo que queremos decir cuando hablamos acerca de establecer bases para la siguiente generación de niños.

Un correo electrónico como ese no se presenta todos los días. Pero cuando tengo uno, busco la manera de sacarle provecho.

Leer un correo electrónico en la iglesia es una manera espontánea de celebrar la visión. Eficaz, seguramente, pero espontánea. Me imagino que las cosas espontáneas que afloran en nuestra organización sirven como motivo de celebración. Pero para que la visión se contagie tenemos que desarrollar maneras sistemáticas de festejar nuestros logros.

Nuestros dos contextos primordiales para celebrar la visión son nuestra reunión ampliada del equipo de trabajo los lunes por la mañana y los bautismos de los domingos por la mañana. En las reuniones ampliadas, yo abro con la siguiente pregunta: «¿Qué sucedió la semana pasada que te haya hecho sentir que has hecho un progreso en tu misión de guiar a la gente a una creciente relación con Cristo?» Entonces me callo y escucho. Durante veinte o treinta minutos dejo que la gente del equipo narre sus historias. Uso esas historias como la oportunidad para reiterar: «Esa es nuestra visión. Esa es la razón por la que hacemos lo que hacemos. Ese es el punto clave de nuestro objetivo. Ese es nuestro logro».

El otro momento escogido para festejar un logro en nuestra organización es durante los bautismos de los domingos por la mañana. Nosotros le pedimos a todo aquel que quiere ser bautizado que venga un par de semanas antes y grabe un video de dos a cuatro minutos en el que describe su travesía espiritual. «Si no haces el video no te bautizamos», les decimos. Como lo habrán imaginado nos encontramos con alguna resistencia. A la mayor parte de la gente no le entusiasma la idea de tener sus rostros plasmados en una pantalla gigante. Y hablar ante una cámara de video tampoco es la cosa más cómoda. A aquellos que se resisten, les explicamos: «Este video es una oportunidad para que cuentes en un solo día tu historia a más gente de la que lo harás el resto de tu vida».

Estoy convencido de que nuestros bautismos hacen más por plasmar nuestra visión que cualquier otra cosa. Debo decir algo: «Nuestro deseo es crear ambientes en los que se produzcan cambios de vida». Es bastante especial escuchar que la historia del cambio de vida de alguien se inició en uno de nuestros ambientes.

Cuando me refiero a esto como una celebración, lo estoy diciendo literalmente. La gente anima, silba, aplaude y en ocasiones se levanta, como reacción ante lo que ve y escucha. En un sentido están festejando el poder de transformación de Dios. En otro nivel están celebrando el éxito de lo que hemos conseguido hacer como iglesia. Hay domingos por la mañana en los que los testimonios por video son muy conmovedores, y me he sentido tentado a orar y mandar a todos a sus casas.

Encontremos la manera de llevar a cabo un festejo dentro del ritmo de nuestra organización. Para que la visión se contagie debe ser celebrada. La gente de nuestra organización ya está festejando algo. Y si existe una desconexión entre la visión y lo que se celebra, se trata de una dinámica que requiere atención inmediata.

Para hacer que la visión prenda, establezcámosla de manera simple, transmitámosla con convicción, repitámosla de forma regular y celebrémosla sistemáticamente. El último imperativo es, *acogerla de un modo personal*.

Acoger la visión de un modo personal

Nuestra disposición para apropiarnos de la visión de nuestra organización tendrá un impacto directo en nuestra credibilidad como líderes. Vivir la visión proporciona credibilidad y nos convierte en líderes a los que vale la pena seguir. Cuando la gente está convencida de que la visión ha prendido en nosotros es más fácil que haga el esfuerzo de apegarse a la visión. Es posible que nuestro talento nos permita reunir algunos seguidores, pero se necesitará más que eso para lograr que nuestra visión se contagie

Cuando nos apropiamos de la visión de nuestra organización, la gente llega a creer que nuestro trabajo es más que solo trabajo para nosotros. Con el tiempo, los que forman parte de la organización llegan a pensar que estaríamos haciendo exactamente lo mismo si no existiera una organización que nos apoyara. Cuando el hecho de que hemos acogido de forma personal la visión resulta evidente para aquellos que están cerca de nosotros, eso les permite hacer lo mismo. En este punto, ya no estamos liderando desde nuestra posición, lo hacemos desde la influencia que somos capaces de ejercer.

Cuando mi esposa Sandra y yo invitamos a un amigo o familiar que no se congrega a un servicio dominical, hablo sobre ello con el equipo el lunes por la mañana. Les agradezco por acompañar a mi familia en la tarea de alcanzar a nuestra comunidad. Hablo sobre nuestro grupo pequeño. Busco las oportunidades para mencionar lo determinantes que son los grupos pequeños de niños sobre la vida de nuestros hijos. Quiero que sepan que esto es una cuestión personal para mí. Que creo en esto. Que estoy en esto. Que no es solamente un trabajo. Que es un llamado.

Acoger la visión de forma personal no es simplemente un valor «ministerial». Así como tú, tengo amigos que son

> Si tú dices
> que crees en algo,
> vívelo. Y vívelo de una
> manera en que la gente
> a tu alrededor pueda verlo.
> Eso no es arrogante;
> resulta liberador.

fanáticos de los productos que venden o de las compañías en las que trabajan. Mis amigos que trabajan para Chick-fill-A, usan las corbatas de su compañía en todo sitio al que van. Mis conocidos de Coca Cola no quieren saber nada de los productos Pepsi. Mi amigo Al, que trabaja para GM, está preguntándome constantemente cuándo voy a cambiar mi Toyota SUV por una Tahoe. Cuando él escuchó que yo no podía encender mi vehículo una mañana, se la pasó mencionando eso todo el día. No quiero ni mencionar a mis amigos PC que piensan que mi Mac es un juguete. Y así es como debería ser. Si tú dices que crees en algo, vívelo. Y vívelo de una manera en la que la gente a tu alrededor pueda verlo. Eso no es arrogante, resulta liberador. Demos la libertad a los otros para que se unan a nosotros sin reservas ni suspicacias.

Enfrentémoslo, si nosotros podemos oler un engaño a un kilómetro de distancia, la gente más cercana también puede hacerlo. Ellos se darán cuenta si estamos tratando de abrazar una visión solo para que trabajen más arduamente, para que crezcan por mero amor al crecimiento, o para expandir nuestra fortuna personal. La gente perspicaz no acogerá una visión que responde simplemente a un esquema de mercadeo para la agenda personal de alguien. Estoy tentado a decir que «nadie» seguirá a un líder que no viva su visión. Pero la verdad es que la gente lo hace todo el tiempo. Eventualmente se despiertan y descubren que han sido usados y engañados.

Ciertamente hay líderes que están dispuestos desde el principio a que gente crédula los siga y crea en una visión fabricada. Al comienzo proyectan visiones de aquello que realmente acogen. Pero con el tiempo, pierden de vista el objetivo. Se distraen o se aburren. Continúan hablando en público, pero en privado actúan desde un marco de valores muy diferente. No queremos terminar en eso. Queremos que la gente que ha escogido seguirnos finalice su travesía con más respeto por nosotros que con el que empezó. Para que eso suceda, tenemos que acoger y vivir la visión.

Seamos sinceros: hay días, incluso temporadas, en los que no nos vamos a *sentir* tan apasionados por la visión como lo estábamos al comienzo. El éxito y el fracaso, el tiempo y la vida, no solo son duros con la visión, también con los líderes. Aunque me encuentro muy comprometido con la creación

> Queremos
> que la gente que
> ha escogido seguirnos
> finalice su travesía con más
> respeto por nosotros que
> con el que empezó.
> Para que eso suceda,
> tenemos que acoger
> y vivir la visión.

de iglesias para que la gente que no asiste a la iglesia desee concurrir, hay ocasiones en las que no tengo ningún amigo cercano que no vaya a la iglesia. No le digan esto a mi gente, pero hay oportunidades en las que *ni siquiera quiero* tener amigos que no vayan a la iglesia. Tengo suficientes amigos. Así como estoy, ya no hago un buen trabajo para mantenerme al día con los amigos que tengo. ¿Por qué iba a querer agregar a alguien más a la lista?

Tu contexto puede ser diferente del mío, pero estoy seguro de que hay veces en las que tú no *sientes la visión* en la manera en que la sentiste alguna vez. Estás tan comprometido de mente y corazón como siempre lo has estado. Pero te falta pasión y es posible que estés perdiendo el interés.

Mi consejo para los líderes que han perdido la pasión por vivir su visión, o que sienten que están perdiéndola, es que no intenten manufacturar energía alrededor de algo por lo que no tienen energía. La gente más cercana a ustedes lo notará. Es posible que no sepan exactamente qué es lo que anda mal, pero sabrán que *algo* no está bien.

No te engañes. Admítelo. De ser posible, asúmelo ante algunas personas de confianza dentro de tu organización. Diles que no has abandonado la visión; diles que estás un poco cansado de la visión. Si son francos, te dirán que ellos lo han sentido… o que lo están sintiendo de la misma manera. Todo el mundo se cansa o se distrae en ocasiones. Reconocerlo resulta saludable y brinda al círculo interno el permiso de admitirlo también. Cuando siento que estoy perdiendo mi pasión por lo que creo que Dios me ha llamado a hacer en la iglesia, se lo digo a la gente y le pido que ore por mí. Cuando no hay conocidos que asistan a la iglesia, se lo digo a mi equipo y le pido que ore. Yo creo que es importante para ellos saber que mi pasión viene y va, pero que mi compromiso con lo que estamos haciendo nunca decae.

Para hacer que la visión se contagie, no solo es preciso acogerla de forma personal, sino que también es necesario comunicarla explícitamente. Permitamos que nuestro equipo esté al tanto de los éxitos y fracasos de nuestra de visión. Dejemos que ellos vean nuestra pasión cuando está encendida. Y también dejémosle ver cuando solo está humeando, pero hagámosle saber que aún así estamos comprometidos. Esa clase de transparencia construye confianza. ¡Eso nos ayudará a estar seguros de que nuestra visión es contagiosa!

Indicadores de la pérdida de fuerza al transmitir la visión

Si hemos establecido la visión de manera simple, la transmitimos con convicción, la repetimos con regularidad, celebramos la visión sistemáticamente y la acogimos de forma personal, vamos por buen camino para lograr que la visión prenda. Sin embargo, siempre resulta sabio estar alerta ante aquellas señales que indican que nuestra visión ha perdido su adherencia. En esta sección, voy a abordar brevemente las seis señales de evaluación de la organización en los que mantengo puestos mis ojos. Estas son: nuevos proyectos, nuevos programas, nuevos productos, solicitudes, historias y quejas. En lugar de tratar cada aspecto de forma individual, los he dividido en dos grupos de tres.

Proyectos, productos y programas

Todos hemos escuchado y leído historias sobre negocios que perdieron su enfoque. Se alejaron de sus competencias esenciales y terminaron en conflicto. Lo mismo sucede con las iglesias y las organizaciones para-eclesiales. El desvío de la visión se produce lentamente. En muchos casos, comienza con la introducción de algo nuevo en la organización: un nuevo producto, la adquisición de una nueva compañía o el lanzamiento de una nueva iniciativa. En el ámbito en el que me muevo, por lo general se da con la introducción de un nuevo programa.

Los líderes deben mantener sus antenas funcionando

ante *nuevas* cosas que potencialmente puedan distraer de lo *principal*. Los nuevos proyectos, programas e incluso productos, deben estar centrados en la visión. Una persona elocuente o alguien con una personalidad persuasiva es capaz de hacer que cualquier proyecto o programa parezca pertenecer al ámbito de la visión y eso puede resultar un problema. Como líderes, necesitamos realizar las diligencias necesarias para mantener fuera de la organización los elementos que puedan provocar distracción.

Los líderes deben mantener sus antenas funcionando ante *nuevas* cosas que potencialmente puedan distraer de lo *principal*. Los nuevos proyectos, programas e incluso productos, deben estar centrados en la visión.

En North Point hay muchas cosas que no hacemos a propósito, no porque no vayan a ser exitosas, sino porque no pasan la prueba de la visión. Cada año alguien se acerca a mí con la idea de iniciar una escuela cristiana. Estoy totalmente a favor de la educación cristiana, pero no estoy a favor de que las iglesias inicien escuelas. La misión y visión de una escuela es diferente a la de una iglesia local. Por lo menos yo creo que lo es. Levantar los recursos de una iglesia para iniciar una escuela siempre interfiere con la eficacia de la iglesia. Mi línea estándar es esta: las escuelas son más listas que las iglesias. Nunca has escuchado que una escuela inicie una iglesia. La gente que inicia escuelas sabe que hay una diferencia fundamental en el enfoque y en la visión.

También hemos evitado lanzar un «ministerio deportivo». En varias ocasiones, la gente se ha acercado a nosotros diciendo que estaba dispuesta a poner el dinero necesario para construir canchas y gimnasios. Nosotros hemos tenido que desechar esas ideas, porque un programa de deportes en realidad está *en contra* de nuestra visión. Una de las mejores maneras en las que los creyentes de nuestra comunidad se conectan con la gente que no asiste a la iglesia es a través de las actividades recreativas de sus hijos. ¿Por qué querríamos traer esas actividades puertas adentro y sacar a nuestra gente de los parques recreativos y gimnasios de nuestra comunidad?

Nosotros tenemos una frase que nos recuerda cómo ver las nuevas ideas a través de la perspectiva de la visión: «Piensa en pasos, no en programas». Nuestra visión no es un popurrí de programas. Queremos ayudar a la gente a dar pasos en su travesía espiritual. Si una nueva idea provee un paso en una dirección específica, la tomamos en cuenta. Si no es así, no lo hacemos.

Nuestro enfoque es diametralmente opuesto a la práctica que muchos líderes de iglesia han adoptado. De verdad he escuchado que esto se enseña como un buen enfoque de liderazgo pastoral: «Cuando alguien viene y se acerca a ti con una idea ministerial, dile: "¡Esa es una gran idea! ¿Por qué no la lideras tú?"». Se proclama esa como una manera eficaz de incluir a la gente en el ministerio. Yo pienso que es una excelente manera de que una iglesia pierda enfoque. La visión, no las ideas aleatorias de la gente, debe determinar los programas.

La visión, no una buena presentación en power point; debe determinar cuáles son las nuevas iniciativas en las que se fundamenta tu organización. La visión, no la promesa de grandes réditos, debe determinar qué productos serán los lanzados.

Para asegurarnos de que nuestra visión no esté perdiendo su adherencia mantengámonos alerta ante los nuevos proyectos, programas y productos. Tengamos un ojo puesto en las nuevas cosas que se están infiltrando. Y mientras permanecemos alerta ante las nuevas cosas, hay otras tres a las que debemos prestar atención también.

Solicitudes, historias, quejas

Las preguntas que la gente hace, las historias que cuenta o no cuenta y las cosas sobre las que se queja dicen mucho acerca de la capacidad de adherencia de nuestra visión. *Las preguntas* comunican valores. Las preguntas que nosotros hacemos, hablan de lo que resulta más importante para nosotros. Esa es una verdad que se aplica a todo el mundo. *Las quejas* son como preguntas. Eso refleja lo que la persona valora. *Las historias* son momentos de celebración espontánea. Las solicitudes, quejas e historias revelan mucho acerca de lo que está en la mente y corazón de la gente de una organización.

Pensemos en lo siguiente: si la gente que trabaja con nosotros se identificara cien por ciento con la visión, ¿qué preguntas haría? ¿Qué clase de historias se sentiría dispuesta a narrar? ¿Qué la exasperaría? Comencemos a escuchar, pero a oír de verdad. Si la gente que nos rodea no hace las preguntas indicadas, no cuenta las historias adecuadas o no se queja de las cosas correctas, es posible que nuestra visión esté diluyéndose. Las preguntas, historias y quejas tienen un contexto específico. Las preguntas que tú oirás serán diferentes de las que están en la zona de influencia de mi radar. Lo mismo se aplica a las historias y a las quejas. Estas tres expresiones son importantes indicadores en todo ambiente.

Recientemente recibí una carta de una pareja que ha asistido a North Point por diez años. Escribieron para expresar su preocupación por la música. «Sentimos que el estilo y el sentimiento musical han cambiado en los últimos años», decía la carta. Estaban en lo correcto. La música había cambiado. Lo que me preocupaba a mí era que al parecer ellos no entendían por qué. La misión se les estaba diluyendo. Por su propia cuenta, ellos habían empezado a asistir cuando eran solteros, ahora estaban casados y tenían hijos. Se encontraban a dos etapas de distancia de cuando se unieron a nosotros. Nuestra música está exactamente donde estaba diez años atrás en relación con nuestra cultura, lo que constituye nuestro objetivo. Pero ellos no están donde estaban hace diez años. Ellos se quejaban sobre algo equivocado.

Una semana antes de recibir esta carta, me llegó un correo electrónico preguntándome por qué no incorporábamos más hip-hop en la alabanza. Esa era una buena queja. Dado que la cultura musical continúa encaminándose en esa dirección, nosotros también debemos hacerlo. La joven mujer que envió ese correo electrónico comprendía nuestra visión. Las quejas de la gente comunican su comprensión de la visión.

Como lo mencioné previamente, en nuestras reuniones semanales de equipo de trabajo damos la oportunidad a la gente de contar sus historias de la semana anterior. Esas pequeñas celebraciones me dicen mucho de lo que mi equipo visualiza como importante. Si ellos están dispuestos a narrar sus historias frente a todo el grupo es porque deben creer que esas historias son relevantes para nuestra visión o misión. Cuando no hay historias que narrar, algo está mal. También me preocupo cuando las historias que la gente narra celebran algo diferente de aquello que nos concierne.

Si estamos en el ministerio, escuchemos cuidadosamente las *preguntas que la gente hace*. Escuchemos cuidadosamente las peticiones de oración.

Las quejas
de la gente comunican
su comprensión
de la visión.

Si la visión de nuestro ministerio se centra en comprometer a la gente no creyente con el mensaje de Cristo, pero el noventa por ciento de las peticiones de oración de nuestros líderes y equipo de trabajo giran alrededor de gente enferma, la visión se está desviando. Oramos por aquello que más carga nos produce. Si nadie en mi círculo de liderazgo pide oración por alguien que está lejos de Dios, para mí eso representa una gran bandera roja de advertencia. Ese es un indicador definitivo de que nos hemos alejado de la visión. En más de una ocasión he debido hacer una pausa para recordar a los líderes que no somos un hospital. Estoy completamente de acuerdo en orar por los enfermos. Pero si solo sentimos la carga de orar por ellos, ¡es posible entonces que quienes necesitemos oración seamos nosotros! Es probable que la visión se haya desviado.

Todo líder debería identificar los indicadores que miden hasta qué punto están alineadas la actividad de la organización y su visión. El desvío va a ocurrir. No hay manera de evitarlo. Corregir el curso es parte de la vida organizacional. Cuanto más pronto reconozcamos el desvío, más pronto podremos hacer algo al respecto. Mantengámonos alerta ante los nuevos proyectos, programas y productos. Abramos nuestros oídos a las preguntas, quejas e historias. Estos son los indicadores de advertencia del tablero de instrumentos que no podemos darnos el lujo de ignorar.

Vivir la visión: una historia personal

Mantener la visión es difícil, tanto en el nivel organizacional como en el nivel personal. Aunque me encuentre tan comprometido como digo estar en cuanto a liderar a la gente hacia una creciente relación con Jesucristo, es fácil para mí dejar esa actividad fuera de mi agenda. Después de todo, así como tú, estoy ocupado. Estoy realmente ocupado. Si no tengo cuidado, todo mi tiempo sería consumido por la iglesia y la familia. Y aunque para algunos eso puede parecer noble, no es suficiente.

Mi esposa Sandra y yo estamos comprometidos en lo que hace a desarrollar relaciones con gente que no asiste a la iglesia de nuestra comunidad. Nuestros hijos nos oyen orar por las noches por los amigos que están lejos de Dios. Pero hay una diferencia entre estar comprometido con algo de corazón y estar comprometido con algo cuando suena el despertador los lunes por la mañana. El trajín diario hace difícil permanecer enfocados en la visión. Todo eso se volvió muy evidente hace unos pocos años, en medio de un juego de la liga infantil de béisbol.

Tenemos tres hijos. Cuando este incidente en particular sucedió, nuestro hijo mayor, Andrew, tenía once años. Hemos enseñado a nuestros hijos que el deporte no solamente es deporte. Los deportes son oportunidades que buscamos con el fin de conectarnos con la gente que está desconectada de Dios. El campo de juego es nuestro campo de misión. Pero, como cualquier otro padre, nos encanta ver a nuestros hijos competir y nos alegra verlos ganar. Pero creemos que hay un contexto mayor en el que se enmarca el juego.

Durante esa temporada de béisbol en particular, Andrew no estaba jugando mucho. Solo un par de entradas en el campo, ya sea a la derecha o a la izquierda y luego de vuelta a la banca. Los entrenadores le prometían entradas al inicio del juego y luego lo dejaban en la banca. Estos entrenadores en particular no estaban entre mis favoritos. Aún así, Andrew manejaba bastante bien la situación.

Luego de ubicarse primero y segundo en un par de torneos, el equipo de Andrew tenía garantizada una invitación al torneo estatal. Así que a los fines prácticos, la presión había desaparecido.

Teníamos un par de juegos por venir que en realidad no importaban. Fue durante el segundo de esos juegos, que las cosas llegaron a un punto crítico.

Hemos enseñado a nuestros hijos que el deporte no solamente es deporte. Los deportes son oportunidades que buscamos con el fin de conectarnos con la gente que está desconectada de Dios. El campo de juego es nuestro campo de misión.

Era el momento culminante de la sexta entrada de un juego de seis entradas. Éramos el equipo local y estábamos perdiendo 12-3. Andrew había estado en la banca todo el juego. No había forma de cambiar el marcador. Una vez más, este juego no contaba. Ese sería el tipo de situación en el que un buen entrenador pondría a los jugadores que no tenían mucho tiempo en el campo. Y, como era seguro, el entrenador principal finalmente puso a Andrew. Él estaba en el campo izquierdo, pero por lo menos estaba *en* el campo. Y dado que estaba en el campo, estaba rotando el bateo.

Luego de tres rápidos «outs», estábamos a punto de batear por última ocasión en el juego. Andrew estaba alistándose para batear, cuando el entrenador principal hizo un cambio a último minuto, sacando a Andrew del orden de bateo y enviándolo nuevamente a la banca. Era tan ridículo que incluso la esposa del entrenador se dirigió hacia la banca para expresar su asombro. Pero yo no estaba asombrado, estaba enojado, realmente enojado. Estaba tan enojado como nunca en mi vida. Si tienes hijos, sabes lo profunda que puede ser la ira de un padre al ver a su hijo herido, especialmente cuando un adulto provoca la herida.

Mientras Andrew trotaba de vuelta a la banca, me levanté y dejé las gradas. Caminé hasta el otro lado del recogedor, detrás de las gradas del equipo contrario y pude ver la banca de nuestro equipo y la cara muy desilusionada de mi hijo. Mientras me agarraba del alambrado, comencé a tener conversaciones imaginarias con el entrenador. Les voy a ahorrar los términos específicos. Se los pueden imaginar. No pongamos como factor suavizante el hecho de que soy pastor. Yo no estaba teniendo una conversación pastoral. Era cualquier cosa menos eso.

A medida que la situación se ponía peor, escuché una voz detrás de mí que decía: «¿Andy?». Me di la vuelta y me encontré con un tipo enorme que llevaba una gorra de béisbol y pantalones cortos. «¿Sí?», respondí de manera no muy amable.

Él se presentó y era obvio que quería conversar. Yo no estaba interesado en conversar. Yo estaba en medio de una conversación imaginaria con el entrenador de Andrew. No solo eso, el juego estaba a punto de terminar y yo necesitaba llegar a la banca, rescatar a mi hijo y tener una conversación real con su entrenador. Pero este sujeto continuó.

«No he asistido a la iglesia en años», dijo él. «Mi esposa comenzó a ir a North Point y le encantó y luego comenzó a invitarme a mí».

Yo supe a dónde quería llegar este hombre. «*Oh no, no lo hagas*», Dios, gruñí. «*Oh, oh; estoy enojado y planeo seguir enojado por las próximas dos horas. Nadie trata a mi hijo de esa forma y se sale con la suya. No voy a permitir que una historia sobre la esposa de alguien invitándole a él a la iglesia, interfiera con mi humor*».

Pero este sujeto siguió hablando y hablando sobre su asistencia a la iglesia North Point y de cuán determinante había comenzado a ser para él. Me mencionó que su esposa y él se habían unido a un grupo pequeño. Incluso estaba contemplando la posibilidad de unirse a un grupo de hombres los viernes por la mañana. Era una historia impresionante. Debí haberme sentido conmovido, pero estaba determinado a seguir enojado. Sin embargo, mientras más hablaba ese hombre, más difícil se me hacía no prestarle atención. Era como si Dios en su gracia me estuviera susurrando: «*Andy, recuerda para qué estás aquí. No es solamente por el béisbol*».

Cuando el hombre terminó, yo le di la mano y le agradecí por contarme su historia. Para ese momento, algo de mi ira se había disipado. Caminé hacia la banca para descubrir que el equipo estaba planeando ir por unos helados luego del juego. Lo último que quería hacer era salir y actuar como si todo estuviera bien. Hice mi mejor esfuerzo para evitar contacto visual con los entrenadores. Dirigí a mi familia al carro y nos subimos.

«Andrew, ¿en realidad no quieres ir a tomar helados con el equipo, verdad?», le pregunté.

«Supongo que no», me respondió calmadamente.

Mi segundo hijo, Garrett, notó nuestro estado de ánimo y comenzó a atacar al entrenador: «No puedo creer que el entrenador no pusiera a jugar a Andrew. ¿Qué es lo que le pasa? De cualquier forma, no iban a ganar ese juego. ¿Por qué no pudo poner a jugar a Andrew por una vez siquiera?»

Finalmente, en un momento de claridad, por la gracia

de Dios, interrumpí la diatriba de Garrett. «¿Sabes qué? ¿No decidimos al principio de la temporada que no estábamos aquí solo por el juego de béisbol? ¿No habíamos orado para que Dios nos ayudara a conocer gente que podría estar desconectada de él?»

Luego les conté sobre mi conversación con el extraño. Mientras describía lo sucedido, me sentí conmovido por la sensación de que nada de eso era coincidencia. «Pienso que algo bueno surgirá de esto. No podemos renunciar, porque no se trata del béisbol».

Todos estuvieron de acuerdo de mala gana. Así que encendí el auto y conduje hacia la heladería. No puedo decirles cuán profundo era mi deseo de no salir del auto y no ver a los entrenadores. Pero salí. Antes de llegar a la puerta, el asistente del entrenador se acercó y comenzó a disculparse profusamente por lo sucedido. Incluso llegó a decir que él estaba en desacuerdo con la decisión del entrenador de sacar a Andrew del juego. Eso se sintió bien. A favor de Andrew, puedo decir que él entró a la heladería y se mezcló con los chicos como si nada hubiese sucedido. Aun así, evité al entrenador principal y estoy seguro de que él también estaba evitándome. Cuando nos subimos al carro para irnos, oramos por el equipo, por los entrenadores de Andrew y por nuestra influencia como familia.

Para cuando el torneo estatal finalizó, uno de los entrenadores estaba asistiendo a North Point con su familia de manera regular. Tres meses más tarde, se bautizó. Como lo dije anteriormente, nuestros bautismos a menudo resultan emotivos. Este en particular, fue conmovedor tanto para Sandra como para mí. En la actualidad, Bob sirve como líder de grupo pequeño en nuestra división de estudiantes secundarios.

Con el tiempo, el entrenador principal y yo nos hicimos amigos. Nunca he tenido una conversación con él sobre asuntos espirituales. Pero ciertamente la puerta está abierta para ello. Sin embargo, está abierta solo por la gracia de Dios y la conversación con un extraño, que me hizo recordar que la vida no consiste en proteger mi ego o en mantenerme en mi zona de comodidad.

Años atrás, yo acogí una visión que era mayor que todo eso. Y no quiero nunca tener que mirar atrás y preguntarme cómo hubiese sido mi vida si hubiera permitido que las circunstancias me desconectaran de mi visión, lo que Dios me había llamado a ser y hacer. Luego de aquella noche, casi hago que Andrew deje su equipo. Esa hubiese sido una equivocación terrible. No hubiese sido solo un equipo al que abandonábamos. Hubiéramos abandonado algo mucho más importante.

Siempre será difícil hacer que la visión se contagie. Después de todo, la visión consiste en crear algo nuevo, algo que debería ser, pero no será sin la firme determinación de alguien de visualizarlo hasta el final. Si Dios te ha dado un cuadro de lo que podría y debería ser, acógelo completamente y resístete a permitir que las ocupaciones y la urgencia de la vida te distraigan. Ya sea en los negocios, la educación o el esfuerzo espiritual, haz lo que sea necesario para que tu visión se contagie.

Hacer que nuestra visión pegue, requiere de un liderazgo audaz. Requerirá que desarrollemos una saludable intolerancia por aquellas cosas que tienen el potencial de impedir nuestro progreso. Todos los líderes que he conocido

> Si Dios te ha dado un cuadro de lo que podría y debería ser, acógelo completamente y resístete a permitir que las ocupaciones y la urgencia de la vida te distraigan.

tienen imágenes mentales de lo que podrían y deberían ser sus organizaciones, pero no todos los líderes están dispuestos a pagar el precio para convertir sus ideas en realidad.

Se requiere más que imaginación y pasión para lograr que lo que *podría y debería ser*, realmente *sea*. Ver como una visión se convierte en realidad requiere más que una explosión de energía o creatividad. Precisa atención diaria, compromiso diario.

Si te consume la tensión entre *lo que es* y *lo que podría ser*, si te encuentras emocionalmente implicado, frustrado, descorazonado o incluso enojado respecto a cómo son las cosas. Si tú crees que Dios está detrás de tu angustia, existe la oportunidad de que seas parte de algo divino, algo demasiado importante para abandonarlo.

Paga el precio. Acoge la visión. ¡Y haz todo lo necesario para que tu visión se contagie!

NOTAS

....
....
....
....
....
....
....
....
....
....
....
....
....
....
....
....
....
....

NOTAS

....
....
....
....
....
....
....
....
....
....
....
....
....
....
....
....
....

DISFRUTE DE OTRAS PUBLICACIONES DE EDITORIAL VIDA

Desde 1946, Editorial Vida es fiel amiga del pueblo hispano a través de la mejor literatura evangélica. Editorial Vida publica libros prácticos y de sólidas doctrinas que enriquecen el caudal de conocimiento de sus lectores.

Nuestras Biblias de Estudio poseen características que ayudan al lector a crecer en el conocimiento de las Sagradas Escrituras y a comprenderlas mejor. Vida Nueva es el más completo y actualizado plan de estudio de Escuela Dominical y el mejor recurso educativo en español. Además, nuestra serie de grabaciones de alabanzas y adoración, Vida Music renueva su espíritu y llena su alma de gratitud a Dios.

En las siguientes páginas se describen otras excelentes publicaciones producidas especialmente para usted. Adquiera productos de Editorial Vida en su librería cristiana más cercana.

Una vida
con propósito

Rick Warren, reconocido autor de Una Iglesia con Propósito, plantea ahora un nuevo reto al creyente que quiere alcanzar una vida victoriosa. La obra enfoca la edificación del individuo como parte integral del proceso formador del cuerpo de Cristo. Cada ser humano tiene algo que le inspira, motiva o impulsa a actuar a través de su existencia. Y eso es lo que usted podrá descubrir cuando lea las páginas de Una vida con propósito

0-8297-3786-3

Nos agradaría recibir noticias suyas.
Por favor, envíe sus comentarios sobre este libro
a la dirección que aparece a continuación.
Muchas gracias.

Vida@zondervan.com
www.editorialvida.com